a LADDIE LOOKS *at* LEITH *again*

by

Jim Blaikie

Jim Blaikie
19/10/94

"Tae a' us laddies an' lassies"

© Jim Blaikie 1994.

All rights reserved.

ISBN 0-9521566-1-X

A charity publication by

Hobby Press
12 Drum Brae Walk
Edinburgh EH4 8DG

First edition in aid of Leith Festival.

No part of this publication may be reproduced, stored in a retrieval system, or transmitted, in any form or by any means electronic, photocopying, recording or otherwise, without prior permission of the publisher.

Cover design and typeset by The Graphics Company, Edinburgh.

FOREWORD

Here is the laddie AGAIN, in response to many requests from readers who have taken the first book* to their hearts. Come along with me and share more scenes of my and your childhood in the late 30s/early 40s.

I am grateful for the many letters of appreciation from Leithers, ex-Leithers and others both at home and abroad. The 'Laddie' has winged his way to Australia, New Zealand, Canada, U.S.A., and South Africa.

I value greatly also warm receptions given to readings at City Libraries, hospitals, senior citizens' clubs and church groups. (A special pleasure is the enthusiasm from modern school pupils for these tales of a childhood of yesteryear.)

This volume, completing this collection, includes some shadows of consequences of the Great War (1914-18) which in the 1930s still hung heavily over many families, including mine.

Heartfelt thanks go to my wife for all her support work and publishing. Also, thank you mother, for introducing the laddie to the world of books.

As before, I am happy that profits from sale of this volume go in aid of Leith Festival.

J.B.

---

* A LADDIE LOOKS AT LEITH, *published June 1993, (reprinted September 1993; January 1994.)*

CONTENTS

HAME...
Oor Hoose — 1

EDUCATION...
Doaky Bell's — 2
The Strap — 3
Country Dancin' — 3
Empire Day — 4
Quali Dance — 5

SEE YOU...
Co-oal! — 6
Ingan Johnnie — 7
Knife Grinder — 8
Oor Postie — 9
Oor Scaffy — 10
Sweep! — 11

FESTS...
Christmas Eve — 12
Sunday School Pairty — 13

HIGH DAYS AN' HOLIDAYS...
Awa for the Day — 15
Annfield (Newhaven) — 17
B.B. Commemoration Day — 19
Huntygowk — 20

LICHT AN' DARK...
Sally Ann — 21
Sunday School — 22
Lament — 23
Unemployed — 23
The Buroo — 24
The Moadel — 25

LIFE'S LIKE THAT...
All-oot for the All-in! — 27
Umta — 27
'i?' — 28
Ills — 28
Medicine — 29
The Gramophone — 30
Blue Knickers — 30
Short Troosers — 31

Tackety Buits — 31
The Pawn — 32
The Tin Bath — 33
New Trick — 34
The Magic Carpet — 35
Waxcloth — 36
Condensed Mulk — 37
Store Divvy — 38
Whustlin' — 38
The Motor Car — 39

OOT AN' ABOOT...
The Docks — 40
Woolies — 41
The Healthiest Street in the World — 42
Boab Dick's Chippy — 43
Hole in the Wa' — 44
Laddie an' Chips — 44
Burns' Statue — 45

LEESURE TIME...
Puddocky — 46
Sweet Heaven — 47
Jeely Piece — 48
Sunday — 49
Fitba' Daft — 50
Gas Meter Day — 50
Hurls — 51
Barley, Het, Shote — 51
Changin' Comics — 51

WAR GLIMPSES...
Blackoot Time — 52
Rationing — 53
Sojers Trainin' — 54
British Kitchen — 54
V.E. Day — 55

GREAT WAR SHADOWS...
Ma Granfaither — 56
Gretna — 57

GLOSSARY... — 58

HAME...

Oor Hoose

A room an' kitchen
Is whit we've got
Wi' a scullery tae...
That coonts for a lot.

Brasses aye gleamin' ...
An' door haunles, taps;
Pipes o' the gas lichts;
Letter box flaps;

Range emery papered
Tae clean a' the steel,
Pokers an' fender
Aye sparklin' as weel.

Linoleum sae shiny,
I can hae a rare slide
Thanks tae Johnson's wax polish
(When Ma's gane ootside!)

I like oor hoose best
When I come hame frae schule,
An' sun rays slant in,
Mak it shine like a jewel;

Or mebbee in winter
When I come oot the cauld,
An' hot fire is fair roarin',
Frae wind whustlin' bauld

Aroon' in dark chimney,
An' flames leap an' prance
An' I see their reflections
Flichter an' dance

In bricht brasses an' steels
An' warm furniture glow,
An' I feel safe an' warm
As I brush aff damp snow.

EDUCATION...

Doaky Bell's*

Swimmin' day. Costume wi' toowel
Wrapt aroon; hoor aff schule.
Laddies only; nae mix wi' girls;
Aff we trek tae Doaky Bells.

Wumman there, bawls like a man;
Shouts "Get changed, quick as ye can!"
Cubicles aye are soakin' wet,
Skitin' an' slippin' oot ye get,

Sluice feet; at shallow-end jump in;
"Why is the water aye freezin'?"
Wi' chatterin' teeth, turnin' blue,
Plunge an' try a stroke or two

Frae middle tae edge; cough, splutter;
"You're not so good" hear her mutter.
"The harness for you!" she commands;
Slip it oan, wi' tremblin' hands ...

Nearly a length, struggle an' puff!
Juist when ye're thinkin' "That's enough!"
Slip the wire, doon ye gae;
Boat hook plucks ye oot safely!

"Get dressed quick!" Nae time tae dry!
Shiverin' damp! Nippin' eye!
Wet socks squeezed intae wet shoes!
Hurry noo! Nae time tae lose,
Rin ower tae Smith's. Buy wi' delight
Cream broken biscuits ... yer shivery-bite!

* *Dr Bell's School Swimming Baths.*

The Strap

Ye get the strap for talkin',
Or no peyin' attention;
Gettin' sums or spellin' wrang
Like sic wis yer intention!

Black, lurks in teacher's desk,
Enforces teacher's laws;
Ready tae strike, cobra coiled,
Fork tongue Lochgelly tawse.

Country Dancin'

We're learnin' Country Dancin'.
Bandy Walker's teachin' us
Waltz Country Dance, the Lancers;
But he's aye inclined tae fuss.

Circassian Circle's favourite,
Cumberland Reel's guid ana'.
We set an' dae oor steps right
An' cheery fill the ha'

Wi' paddie-ba, an' pointers,
An' proper rights an' lefts;
Schottisches, 8 Men o' Moidart:
Oor skills becomin' deft

Exceptin' for oor left legs
Which us laddies a' haud stiff.
Ye wunner why? I'll tell ye;
Gie ye a' the griff!

Bandy wis a sojer;
Got a bullet through his knee
Oot in Mesopotamia,
Or wis it Gallipoli?

He shows us hoo tae dance;
Says "Do this just like me!"
Sae we're a stiff left leg laddies
Learnin' for tae dance Country!

Empire Day

"Squab pie, junket and cider brew
Richest of cream from the cow,
What'd old England without un do,
And where would un be to now!"

We ken na' whit we sing aboot...
Nae mince, tatties, nor broth,
Nor porridge, neeps nor haggis,
Sheep's heid, Scotch pies, nor brose.

We bend oor tongues roon foreign soonds
'Greensleeves' is next tae sing.
"Alas my love you do me wrong
To cast me off" ... sic a like thing!

"Heart of oak are our ships,
Heart of oak are our men,
We always are ready,
Steady boys, steady;
We'll fight and we'll conquer,
Again and again."

"Land of Hope and Glory,
Mother of the free;
How can we extol thee,
Who are born of thee?"

But we are born of Scotland...
In Leith ... of tenement stair.
Sing "There'll always be an England"...
Aye, as lang as Scotland's there!

Niver a Scots sang we sing...
Wad fair gar ye grue.
Are they tryin' tae mak us Englishmen?
That's no for me nor you.

Quali Dance

Best thing aboot the Quali
Is the celebration dance.
For weeks before ye've practised,
An' noo ye hae the chance

Tae squire a favourite lassie,
Dressed in her prettiest frock,
An' shyly tak her hand;
Pals recoverin' frae shock

For it's usually fair jessie
Tae be seen oot wi' a girl;
Quali dance is sole exception
There baith shove, push an' twirl

Cascadin' through the Lancers;
Tied in knots at the Quadrilles;
Caught at Grand Old Duke of York;
Then showin' aff mair skills

At paddie-bas an' pointers;
Through reels of three ye swirl;
Right hands across, lefts an' rights;
Eightsome circles noisy birl.

At interval there's jelly,
Ice-cream, lemonade, cake;
An' sandwiches for starters,
An' scones juist like home-bake.

Lads a' still in short troosers,
An' inclined tae hoof an' prance;
But first feel o' growin' up,
Bein' at the Quali dance.

An' efterwards ye walk her hame:
Ach, school wull niver be the same!

SEE YOU...

Co-oal!

"Co-oal!" Doos flap an' stir
Uneasy; scatter, fly up, whir
'Fore trundlin' cairt an' ploddin' nag.
1 cwt ... a shillin' a bag.

"Co-oal!" resoonds frae side tae side
O' oor wee street ye'd no ca' wide;
Windae rattles, up on high
"Twa o' churls!" hear Ma cry.

Ma lugs pick up their grunt an' groan...
"Top flat again!" twa coalmen moan...
Wi' deft twist each humphs a sack
Aff the cairt, on tae his back,

Then sets aff clumpin' up oor stair,
A gaspin', sweat-streaked, grimy pair.
Seeventy steps survived; backs unner stress,
Ower shooders coup in oor coal press

A raspin', scrapin', gleemin' stream
O' nuggets black, 'fore which ye'll dream
When in barred grate; red, white, then grey
They burn ... tae ashes fade away.

But juist for noo, "Shut the door!",
Tae trap ahint dark cloud o' stour.
"Twa shillin's, Mrs," hear ane say;
Ma fumbles in her purse tae pay.

Sacks foldit unner airms, the pair
Crash heavy-buited doon the stair,
Sparks strikin' aff steel segged sole,
Back tae the cairt ... again shout "Co-oal!"

Ingan Johnnie

Black beret, jerkin, broad smile;
Says "Comment allez-vous?"
We caper roon him, lauchin',
As his bike hoves in tae view,

Festooned wi' strings o' ingans
On back, on front, on sides.
A steed that he's aye pushin',
But on which he niver rides.

A big string costs thruppence,
Ma gies frae oot her purse.
But when he haunds it ower,
Reaches tae the grund, or worse,

End bounces hard on steps
As ye cairry up steep stair...
The string breks, an' big ingans
Gae tumblin' everywhere...

Quick rin back doon tae catch,
But they bump on neebors' doors;
Big wifes come oot ... "Wha's knockin?"
Lauch at me on all-fours

Tryin' tae pick up single ingans
Too big for hauns too wee...
Next time I see Ingan Johnnie,
Goin' tae hide quick oot the wey!

Knife Grinder

"Ony sherpenin's, Mrs?
Blades, sceessors, knifes?"
Niver changin' questions
Interrupt busy hoosewifes.

Knife grinder on threshold,
Leather apron; shirt sleeves; cap
Shadin' steely blue een;
Canvas pooch ower lap.

"Send the laddie doon then.
He can bring them back."
I follow, fair contentit,
Staun' an' watch bricht spark

Frae whirlin', raspin' flint wheel,
Belt drove frae creakin' treadle,
Grind shriekin' sherpenin' steel...
Wi' sic nae lad daur meddle!

Work feenished, pey a tanner.
Sherp steels shinin' in sun's glare...
Fingers feermly grasp bone haunles...
Cairry carefu' up steep stair.

Oor Postie

Haes aye a cheerfu' ruddy face;
Oft whustles up oor stair;
Finger marks on letter box
Tell us he's been there.

Aye humphin' his broon bag aboot,
It pulls his shooder doon;
There must be post eneuch inside
Tae serve each hoose in toon.

Uniform o' sober hue;
Peekit black rimmed cap;
Shiny buits stamp up an' doon
Steep stairs, till fit tae drap.

I've seen him on hot simmer's day
Sweatin' in fiery heat
'Fore endless steps as yet tae mount
Wi' toilin', achin' feet.

Sometimes he's got a smile for me,
Says "Here's a letter, son.
It's for yer Ma an' Dad".
Off up the stairs I run

For we're top flat, an' he's gled
Tae meet me at the foot;
He kens I'll beat him up oor stair;
Ane less for him, nae doot!"

Oor Scaffy

Naebody gies him a second glance!
Ye'd think he wisna there,
Aye busy sweepin' up,
An' keepin' oor streets bare

O' a' the trash that people drap
On pavements, gutters, roads.
Ye'd think at times he maun despair
When wheelin' aff his loads

In zinc barry, broom on top,
He pushes silently
On rubber tyres that aye look flat,
Wi' shovel hingin' free,

Waitin' for hard humph on kerb
Tae clank against the side,
Or fa' aff when a wheen too fast
He maks a turn wide.

Naebody gies him a second glance!
Ye'd think he wisna there,
But we're gled he's aye sweepin' up
Oor streets unner his care.

Sweep!

Us bairns ken fine aboot the sweep
Wha roon high chimley pots doth creep,
Cuppin' hauns tae shout "Hullo..o..o!"
Tae 'prentice listenin' doon below,
Wha strechtweys bawls up "Sweep! Sweep!"
Richt awa' roon bolls then dreep
An' rope an' brushes snake ahint,
Extension brushes dirl an' dint,
A whirlin', shakin', scrapin' motion
Disludges soot in sic commotion,
Rushes doon tae gapin' sack
Poseetioned carefu' at the back
O' smoorin' cover, tentit wide
Ower mantel hearth, blockin' inside,
An' anchored agin inky creepin' soot
By airms an' legs weel streetched oot...
A black St Andrew's Cross I see
Wrapt roon the fit o' oor chimley!

Roof man's doon. Helps tidy; baith
Row back soot cover. Haud yer braith
Agin the pungent, acrid smell
O' black stuff as comes frae Hell
Whaur Auld Nick dwells, awaitin' bairn
Caught fechtin', leein', stealin', swearin'...

Fireplace brushed ... Awa they go;
Frae soot-streaked faces red eyes glow.
Dark socket windaes gleemin' bright
Ower red lips roon teeth pearly white.

Follow them clumpin' doon oor stair
Wi' swag-like bag, brushes in air;
Loaded-up barry trundles away...
Wunner wha's next for "Sweep!" the day?

FESTS...

Christmas Eve

Fadin' flickerin' flames in black grate;
Sock hingin' doon frae broon mantel;
Een heavy lidded ... gettin' fair late;
Gin ye're no asleep, then Santa'll

No leave gifts for a mischeevous bairn,
Ane that's no sleepin' or such
Wis caught leein', or fechtin', or swearin',
Brekkin' windaes, lichtin' fires, or much

Worse ... no giein' up yer seat on a tram
Tae some pechin' red-faced stoot wife,
Or a younger ane wi' a babe in her arm,
Tae ignore her's no worth yer wee life!

I ken aboot Jesus; wis puir like us;
A manger o' straw wis his bed:
But presents o' gowd, myrrh an' frankincense
Aside him wur reverently laid.

Sae it must be a' richt then, presents tae get
An' for Santa yer letter tae keep!
Whit's that bump on oor roof noo? Santa's sled?
Ach, there's nae wey I'm gettin' tae sleep!

Soughin' wind; sic rattlin' loose windaes make;
Scarce a glow in dark fireside.
But Santa'll no come if I'm still awake!
Ma heid 'neath top covers I'll hide!

Hope Santa enjoys his biscuit an' milk
Lyin' by glimmerin' fender.
Please let me get tae sleep richt quick
Is ma prayer tae Jesus sae tender.

Whit's that? Lobby flair gies a creak!
Doverin' ... ower tired tae risk a peep!
Dreamin', hear Ma's voice faint speak,
"In ye go noo ... he's fast asleep!"

Sunday School Pairty

Excitement in oor Kirk ha';
Christmas pairty time again!
Decorations; balloons; streamers;
Squealin' lassies fair an' plain,

Peel aff long black stockins,
Frae 'neath taffeta dresses,
Reveal white legs, an' ankle socks
Intae dance pumps each presses.

Weel scrubbed laddies mill aboot
Hair a' plaistert doon
Wi' Adam's wine; shorts, pullovers
Ower fresh shirts; burnished shoon.

Musical chairs, an' airms;
The Grand Old Duke of York
Is great when pairtnered by best girl,
An' the pair o' ye get caught!

Adree, Adree, I drapped it!
Circle aye explodes in havoc
When passin' chasers trip
As lads gie heels a knock.

'Flip the kipper' is rare!
A hectic confused race
Wi' kippers flyin' everywhere
Except in the richt place!

In an' oot the Dusty Bluebells...
Too tame! Maks ye groan!
Probably only worsted by
'The Poor Widow who's left alone'.

Juist when ye're hot an' sweaty,
Knees sair bumpin' on hard flair,
"TIME FOR TEA!" announcit...
We let oot sic a cheer!

Paste sandwiches; a pie;
Iced biscuit; lucky tattie;
Kola; lemonade. Scoffed quick!
Drives grown-ups scatty!

Noo gether in a circle...
Lights dim...tae great applause
Appears; broon sack; white whiskers,
Red-suited Santa Claus.

He ca's oor names; for presents
Stride o'er, or shyly go:
Yon lassie's got a wee doll;
I've a mooth-organ tae blow!

But noo the pairty's ower,
Get ready tae gang hame.
Pullovers an' black stockins
Are pulled back on again.

Oor teachers line the doors,
Wish us the best o' Yule.
"Merry Christmas! Happy New Year!
See you at the Sunday School!"

HIGH DAYS AN' HOLIDAYS...

Awa for the Day

Ma Great-Granny's takin' me awa for the day
In the train tae Kirkcaldy. There I'll play
On wide beach, in soft sand, wi' a pail an' spade.
I'm fu' o' excitement! There'll be lemonade

For me tae drink; an' a sandwich as weel.
Look oot for sand! Grinds teeth like the deil!
Brrr! Sea water gars ye tae freeze
As it creeps up, ower feet, legs an' knees,

Then a gaspit braith as doon ye go,
Ye're tryin' tae swim, yer heid's below
Arched wave reamed wi' froth; goes up yer nose
An' intae yer een. Rise! Splutter! Deep blows!

Ye're like a wee whale strandit oot on dry shore,
Fair gaspin' an' pechin'! I think there's more
Fun to be had wi' ma spade an' pail
Buildin' castles; moats aroon whaur tae sail

Ma bonnie wee yaught, coloured blue an' white,
Heels tae fresh wind, but safe in ma sight
An' canna escape frae its water-filled hole
Tae bob awa oot ower far sea tae North Pole.

But that's a' for efter, we've tae get there first
Frae Citadel, Camel Coach glides...best
Travel frae Leith tae Edinburgh Toon
Tae steam train at Waverley, whaur we chinge roon.

We're awa wi' a toot, an' a rush, an' a whustle!
Doors slam an' fowk settle doon frae wild bustle
O' platforms, an' queues, an' gates an' a ticket
Punched by a collector. Squint thro' wee hole in it.

Through Princes Street gairdens we chuff an' blast smoke;
Must be a richt nuisance tae picnicking fowk.
A great big tunnel; I'm gey feart o' pitch dark!
Look oot mirror windae. See steam! A bricht spark!

We're soon through Haymarket, then oot past Balgreen,
Tae curve tae Dalmeny, past hedged fields green
Which keep flashin' by at mony the minnit...
The Forth Bridge looms up! We're clackin' on tae it.

Whit a wunnerfu' sicht! Look doon on broad river,
Through red iron girders. What a hicht! I shiver!
Supposin' I fell aff the train, oot the windae
An' drappit richt ower, naebody tae haud me!

But they're stupit thochts! See prood billowin' yaughts,
Decked steamers, fussy tramps that ply on wide Forth.
Doon there! Paddle ferry battles on through stiff breeze,
Bows white foam fleckt, as it cuts through like cheese!

Ma Granny leans ower: "Here, ma wee maun,
There's a maik for yersel. In ma ither haun
A bricht thruppny bit...see it sparkle an' shine!
A lucky bit for ye tae throw oot in deep brine!"

Mebbees I'm wee, but I think for masel!
"Ach, Granny, whit wey wad it no be as well
That I throw the maik in! Keep the silver for me?"
She chuckles... "Ye'll gae faur lad...I can see!"

But noo we're richt ower; rattle on past Kinghorn
An' on tae Kirkcaldy. I'm gled I wis born
Tae sic great adventures! Curve roon crescent bend...
Windae open! Feel the smell!* At last journey's end!

* *Kirkcaldy was famous (?) for the smell from linoleum factories.*

Annfield (Newhaven)

I'm veesitin' ma Great-Granny the day.
Across frae her hoose, there I play
Ayont the tramlines, an' esplanade
Wi' its iron railins an' bench seats hard.
I climb doon steep steps in ma bareys;
Swimmin' trunks on, pail hittin' ma knees,
Near blawn oot ma haun by wheechin' wind
Snatchin' ma spade clankin' behind...
Ma very best ane, wi' a metal heid
An' sherp edge...could dig graves for the deid!
At last I jump doon noo on shell sand
Sherp prickin' ma taes. Och, but it's grand
Tae get doon on ma knees an' dig aroond
Makin' a moat for high castle, croon'd
Wi' a flagpole I pick up off the beach.
I ken it's juist a twig but when I reach
Ower an' plant it on battlement high,
Tram ticket flag fluttrin' agin azure sky
I feel juist as prood as if I were king
O' Creation...In a wey...I'm thinkin'
Mebbees I am...For I've built it masel...
The drawbridge lined wi' six kinds o' sea shell.
Stalwart castle waits swift tide up slant shore
Tae tummle it doon; first, water tae pour
Intae deep moat, circlin' castle roon
Sappin' its foonds, till soft wa's slide doon
Like a meltin' jelly on a hot plate...
Collapsin' last, drawbridge an' gate.
I look doon on mushy water an' sand
An' salute fareweel, wi' a tremblin' hand.

Noo turn ower rocks tae look for a crab,
A wee ane I want...the very dab
Scuttles oot...quick...intae ma pail
Wi' a stane or twa, some sand as weel.
I'll keep it mebbee an hoor or so
But I'll no' be cruel, then I'll let it go.
I collect some buckies an' drap them in
Tae winkle oot efter, wi' a pin.

17

Some bonny sea shells I gether tae
For Great-Granny when back for tea I gae.
She gies me poached egg on crispy toast
On a willow pattern plate showin' a host
O' trees an' bridges an' Chinese folk:
Their story reveals as I wipe yelly yolk.
A wee silver teapot wi' twa cups o' tea,
An' a wee tea cosy; she keeps juist for me.
Malt breid an' butter, strawberry jam,
A biscuit, a cake, lucky I am
That she lives in Annfield owerlookin' green sea,
For when I'm fu' up, an' feenish'd ma tea,
I sit by the front windae, watch trams rattlin' by;
On top deck fowks' faces I secretly spy.
Through ma wee brass spy-gless I look ower tae Fife;
Kinghorn, Burntisland, sweep back tae Inchkeith.

I like it at nicht when it's juist gettin' dark;
Fife lichts ower wide Forth shimmer an' spark;
Plyin' boat shapes wave lanterns tae me
Which dip, roll, bob on swellin' sea.
I hear gentle waves lap as they caress near shore,
An' smell sea an' seaweed through open inch or more
At cool windae top whaur fresh breeze wafts in
An' rustles ma hair, whaur I'm noo standin'
Shadowed, as last shine dims frae dusk sky
Ower distant Forth Bridge...I watch this day die.
Beach,* brekwater fade in envelopin' black...
Annfield's day done...I'm content...turn back
Frae dark panes...gled that I came...
Ane wearrit laddie...time tae gang hame.

* *This former haven for bairns is now the (reclaimed land) site for the Chancelot Mills, etc.*

Boys' Brigade Commemoration Day *

Excitement risin', 11th Leith stand
'At ease'; wait Captain Turner's command;
Baun up front, instruments ready;
Bugles, pipes, drums haud steady.
Buckles, badges glint an' gleam;
Troosers pressed tae knife-edge seam;
Blancoed belts, pillbox hats,
Burnished boots, whitest spats;
B.B.s first, Lifeboys behind,
Bare knees bristlin' in the wind.

"Tenshun! By the left...quick...march!"
Big drum beats...see richt airm arch
Boom! Boom! Boom! Settin' the pace.
Fa' oot a step? Nae sic disgrace!

Officers flank; Captain leads, alone,
Kettle drums roll, bagpipes drone,
Then burst intae sic prood-like skirl
Maks yer heid fair dint an' dirl
But haud on high, cossies ring forth
Tae boots in step tae 'Cock o' the North',
Oor favourite tune, licht an' airy;
We inward sing 'Auntie Mary's canary!'

Gainin' the top o' Coburg Street
Jine in ahint ither marchin' feet.
The First taks up pride o' place,
Buglers blawin' wi' burstin' face.
Column swells wi' the 9th, 10th, 12th;
Bugles, pipes, drums! Whit a wealth
O' soond lifts oor marchin' feet
Tae echoin' strike alang Junction Street.
Pavements crooded...on tiptaes see
Smertness! Precision! The Leith B.B.!

Fit o' the Walk...turn richt there
By Queen Victoria's unblinkin' stare.
March up tae Pilrig. "Parade halt!"
File in tae tall Kirk, cool as a vault.

West windaes a riot o' coloured gless;
Sunray searchlights shimmer an' stress
Dark wuiden pulpit, gowd pipe gallery;
'Nec tamen consumebatur'...Whit does that say?
Service an' prayers...hymn singin' the best,
Frae pews chockit fu' we bawl oot tae test
An' ring roon roof rafters wi' thunderous sound;
'Onward Christian Soldiers' swells up frae the ground.

Service ower...Line ootside in warm sun
Till "Parade dismiss!" means oor day is done,
Burnishin' memory, niver tae gae...
Leith Battalion B.B. Commemoration Day.

* B.B. Diamond Jubilee (1883-1943) which I believe was held in Pilrig Church to coincide with celebration of the Church's Centenary.

Huntygowk

For playin' tricks an' jokes
On simple unsuspectin' fowk,
Ilk April first the day comes roon
We a' ken as Huntygowk.

Followin' day ana is braw,
Pin paper tail on pal's behind,
Shout "Tailie! Tailie!" Rin awa,
Mockin' lauchter on the wind.

LICHT AN' DARK...

Sally Ann

Sunday mornin';
Hear the band;
Triumphant noise;
The Sally Ann!

Oot below in
Oor street again.
Buildins ring
Tae melodic strain.

Soond swells up
Tae reach blue sky.
Doos whir aboot;
Away they fly.

'Fight the good fight'
Fills attic room.
'Lead kindly light',
Nae time for gloom.

Silver trumpet;
Gold trombone;
Curly tuba;
Euphonium.

A knock at door;
A lassie's there;
Tin held oot.
See golden hair

Peekin' below
Red ribboned hat
Lettered 'Sally Ann'.
She's prood o' that!

Gie her a penny;
(A' that we can).
Help the grand job
O' the Sally Ann.

Sunday School

Sunday mornin', time for Kirk...
St. Ninian's, Coburg Street.
Hair weel combed; face a' scrubbed;
Each bairn for aince looks neat.

We're wi' Mr Wallace, a tall dark man,
Taks ane o' the bigger classes
For boys. There's nae mixin' here!
There's separate classes for lassies!

We wriggle aboot on red plush seats;
We're tellt we must not squirm
But it's deeficult, when in mortal fear
O' the Shorter Catechism!

Hae ye learned the set text for the week?
If no, ye're shair tae be asked.
Clasp yer hauns! Try to look wise!
Hope ye're the ane tae be passed!

We sit still when stories we're tellt
O' Jesus, an' hoo he wis poor
Like a lot o' us, sae be content
An' no be aye askin' for more!

Singin' hymns is whit we like best;
Boys' favourite is five three five;*
But often it's seven o four+ that we get;
A sair fecht bein' alive!

Pass roon' the plate, pit yer penny in.
See mair than is in yer bank!
Bow heid in prayer; close yer een;
Time noo the Lord tae thank.

Sunday School's ower, but afore ye go
Get the stamp on yer Attendance Card
Tae show at the Lifeboys; an' count for a Prize...
Perfect Attendance is awfu' hard!

(* 535 Old Hymnary - *Onward Christian Soldiers*
+ 704   "   "   - *Yield not to Temptation*)

Lament

Nae mair flit frae perch tae perch,
Climb ladder tae wee swing;
Nor roll red ba' across cage flair;
Nor gie wee bell a ding
Wi' beak sherp rubbed on rock saut;
Nor chirp, crack millet seed,
Nor dip an' sip up water.
Ma wee blue budgie's deid.

Unemployed

Unemployed crood at the Fit o' the Walk;
Keps, mufflers, shabby suits, split soles, idle talk;
Beardie chins, deid een, listless in limb;
'War Wound' hops on ane leg...unlucky for him.
Ower at Central Station watch 'Row-the-Shirt',
A shell shock survivor, his hauns twist an' flirt
Wi' cuffs, sleeves, neck, tail...grey mass twirlin' roon
While mumblin' only...saddest sicht in the toon.
Puff fag ends...look hungry...feelin' has-been...
Scuff, useless, in shade o' Victoria, prood Queen.

The Buroo

Doon on the Shore; best buildin' there!
Juist ower the lift brig, tae the left
Past capstans an' chains, then cross ower hard setts,
Tae big wuid door wi' gless bits inset.

There's a muckle brass plate, fine printin' thereon
That I canna read 'cos I'm wee;
But ma Mither nods... "The Buroo's whit it says",
An' she niver tells me a lee.

"Is it some kind o' palace?" I wist, in the licht
Thro' the windaes shinin' sae clear;
It must be fair special, it's got th' electric
That naebody else has roon here.

Ma mither smiles grimly: "No that at a'.
It's the place for men wi' nae jobs."
That's thae shufflin' lines that ye see certain times
When they come for their dole. They're nae yobs...

But hard-workin' men. Only gie them a chance;
But the jobs roon aboot are sae few.
So that's why they staun there, broody an' dark,
Afore shufflin' in tae the Buroo.

"But Ma, whit's the dole?" A few shullins, son,
That they get frae the Government
Tae pit marge on their breid, auld claes on their backs,
But maistly tae pey the rent

O' the wee buts-an-bens, their wifes strive to keep
Clean; but its hard! An' their bairns
Ken nae present or treat, for them somethin' tae eat
Is the thing for which every yin yearns.

"Dae we not get ony?" "Whit wey dae ye mean,
Ma wee man? Pey-oot's no for us,
For yer Dad's in work. Haes a steady job.
Gets a regular wage. But it's worse

For the fowk that come here hae nae jobs at a',
That's why they staun quiet in the queue,
Afore shufflin' in, wi' their keps in their hauns,
Tae this monster's great mou' - the Buroo!"

The Moadel

We're in Parliament Street, Ma an' me,
An' aye the questions are flowin' free...

"Whit's a Parliament?"
"That's whaur laws are made by the Government."

"Are they Government men,
They anes walkin' aboot?
They're no weel dressed; greasy shirt, shabby suit!"

"Na, na, ma wee man;
There's nae M.P.s here
Tae gae struttin' aboot wi' their nebs in the air.
Thae men's frae the Moadel,
That big ludgin' hoose.
See windaes on windaes; nets hingin' loose,
Tae let daylicht in
Tae each pokey wee room,
An' bring shafts o' sunshine tae chase awa gloom
Frae a bed an' mattress,
A wee table an' chair."

"Hoo dae ye ken? Hae ye ever been there?"

"Na, it's only for men;
But a'body kens
A cat couldna swing in thae single ens."

"Dae they live there for ever?"

"Na, only ae nicht
At a time. Rules must be kept richt."

"Whit's a' that writin'?"

"Says 'Leith Improvement Scheme',
Chiselled up on the wa',
Erected by magistrates, Council, an' a'."

"Whit does erected mean?
Built wi' their hauns?"

"Dinna be stupit. Thae folk are too graun
For hard work like that,
Their hauns are too fine,
Labourin' and buildin's no' in their line.
But gie credit, they saw
This Hoose fills a need;
Perhaps wi'oot it, maist wad be deid."

"Has it really been here
Since eighteen ninety three?"

"Aye! Shame! An' likely the next century!"

Note: In this Year of our Lord 1994 the 'model lodging house' is still there and functioning.

LIFE'S LIKE THAT...

All-Oot for the All-In!

If perchance ye daunder
On yer hameward way,
By tram stops at Junction Brig
At certain time o' day;

Frae chockit-fu' rear platforms
Hear conductors' voices din
Their cry unique tae Leith...
"All-oot for the All-in!" *

* *Disembark for the All-in wrestling (at the Eldorado)*

Umta *

Umta cleverest in the class?
Umta no' the dunce?
Umta no' the bonniest lass
Wi' tossin' curls an' flounce?!

Umta no' the strongest lad?
Umta the tallest then?
Umta sae guid an' niver had
The belt since Lord kens when?!

Umta questions in their hunners
Deeve ilk sufferin' Ma an' Dad!
Umta gies them a' the scunners!
Umta nearly drives them mad!

* *(Umta = am not I. Note also use of double negative... umta no'!)*

'¡'?

"There's nae sic a word as 'i'," says Dad,
An' surely he should ken!
But I hear it every day in Leith
Frae boys, girls, wimmin an' men.

"There is sut" I venture in bold reply.
"There is nut" he says again.
Oh, whit confusions in ma wee mind
Wi' sut an' nut daily a friend.

"If you want to get on in the world" says he;
"Learn to talk in a proper way.
Beg pardon! Excuse me! What was that?
But never 'i' should you say.

Nor 'sut' nor 'nut', they don't exist
In Chambers' dictionary.
'So' and 'no' the words to use;
Correct vocabulary."

"A' right Dad, I'll try" blurbs this wee lad,
"'Sut' and 'nut' ne'er again tae say;
But afore ye gang oot...whit aboot 'jings'?"
He turns tae me an' says "i"?!

Ills

Measles, chickenpox, croup, whoopin' cough,
T.B., dermatitis, flu', scaly dandruff,
Scarlet fever, diphtheria, pneumonia tae,
We ken them a'! Bairns get taken away
Tae hospital for infectious diseases,
Tae isolation whaur as God pleases
They become a number which worried Mams scan
In the "Evening News" table, hopin' their man
Comin' hame frae work, sittin' doon tae his tea
Will be greetit wi' 'Improving slowly',
But 'Dangerously ill' gies great cause for concern...
Oft anither bairn wull niver return.

Medicine

For a' oor sniffles, snots an' sneezes,
Pimples, rashes, coughs an' wheezes,
Sair heids an' bellies, sickly phases,
Skint knees, scraped elbies, cuts an' grazes,
Spotted tongues an' swollen glands,
Chilblained feet an' chappit hands,
Tae the chemist we must gae,
Seekin' the perfect remedy.

Wis't cod liver oil or emulsion
When swallied gied ye sic convulsion?
Or ipecacuana wine
That left ye feelin' aught but fine?
O' things taken tae mak ye go,
Sulphur 'n treacle, Greegory's mixture, werena' slow;
Syrup o' Figs an' Ex-Lax oot in front
If speedy reaction wis whit ye'd want!
Or if somethin' had gi'en ye bile,
Then a triple dose o' castor ile!

Tae clear yer heid an' cleanse yer soul,
Menthol crystals in a bowl
Sniffed up clears yer chokit nose,
An' Zube cough linctus...a big dose
Wull help ye settle doon tae sleep,
Wi' camphor locket roon neck tae keep.
If yer chest is really bad,
A mustard poultice slapped on hard;
An' if ye need some extra cladding,
There's Thermogene wool or wadding.

Elastoplast, bile beans, wintergreen,
Aspirin, Askit, Vaseline,
When feelin' waur than ye've ever been
Tae rub on, swally, or drap in yer een,
Juist keep on takin' the medicine!

The Gramophone

We've got a wind-up gramophone,
A black box, name o' Parlophone.
Mak sure the haunle's wound up ticht,
Needle scratchin', soond box richt.
Speed Indicator 78,
Record spinnin' roon, juist great,
When suddenly it starts tae slow,
Motor moans deep doon below,
Vo-i-ces si-ng wo-r-ds str-ee-tched oo-t,
Mu-s-ic f-al-ters, fo-ll-ow-in' su-it.
Ca' the haunle quick! An' hear
Gair-b-led soo-ns becom-in' clear,
As turntable gaithers speed
Till record label ye canna read!
Push speed to 90! Mither scowls;
Voices gibber, music meowls!
"Pit it back!" Sae aince again
Voices are clear in sweet refrain.

A modern marvel 'tis tae own
A whirlin' wind-up gramophone!

Blue Knickers

Blushes, giggles, snickers,
As us lads spy blue knickers
When navy gym slips twirl,
Revealin' juist whit hides a girl
Abune thae lang black stockin' tops...
The very thocht oor ticht braith stops!

We've been tellt that they're different...
If only we kent whit that meant!

Short Troosers

Laddies wear short troosers;
Snake belts keep secure,
Or galluses frae shooders,
Sometimes baith, juist tae mak sure!

Buttons at the front
For when ye hae tae go.
Cauld weather...icy fingers mean
It's freezin' doon below!

Skin red-raw wi' chafein'
As Jack Frost spies the gap
An' fires his piercin' dart
'Twixt trooser an' knee cap.

'Tis then in deepest Winter
Ye suffer Nature's wrongs,
Prayin' for that day when
Ye're grown-up enough for longs!

Tackety Buits

Tackety buits...juist great!
Wi' sprigs, seggs an' plates
O' steel at heels an' taes
For strikin' sparks aff setts,

Or scrapin' lines on pavements,
Or stampin' hard on sand
Or mud, sae tae leave imprints
Followed by the band

O' pals playin' 'Indian Trackers',
Tryin' tae hunt ye doon;
Or clumpin' on the stairs
Wi' noise maks neebors froon.

Cherry blossom'd bricht; laces ticht;
Weighin' near a ton;
Nae saftie shoon compete
Wi' sic wunners, built for fun!

The Pawn

A fairly common custom,
Pawnin' faither's suit
Every Monday mornin';
Noo the Sabbath's oot.

Five bob the goin' rate
Streetches ower tae Friday pay;
But whit if the suit's needed
For a funeral on Tuesday?

A laddie's mither I ken,
Aye bocht a sheep's heid
Frae the Tripe Shop on late Setterday,
Thruppence for the next week's feed.

Wrapped up in a parcel,
Same size as the suit,
She taks it intae 'Uncles',
Feelin' mair like rinnin' oot!

"The usual?" "Aye" she mumbles,
Hauds oot a tremblin' hand;
Feelin' sinfu' though the ploy sees
Her man in the funeral band.

I dinna ken the answer
But I think I fear the worst!
Did the sheep's heid last the week oot...?
I only hope she b'ilt it first!

The Tin Bath

Lug quick oot o' lobby press that coffin shape against wa',
Big-end stood amang buits an' shoon, sma-end hooked agin fa';
Noo flyin' sideways in Dad's airms...wecht tae mak perspire;
Zeppelin-like, looms through sky, berths afore kitchen fire.

Water spurts frae wee brass tap on kitchen range, near hob...
Fills a basin! Oor domestic supply needs back-up for its job!
Whistlin' kettle is on gas whaur pots are bilin' tae;
Steam's fair soakin' scullery wa's; soon dae same tae me!
Iron kettles bubble on hob, gleamin' black monsters, baith;
Piggy bools rattle inside, soond wad fricht tae daith!
Ma pours in cauld water first, then tops up wi' hot
Frae basin, kettles an' cascades steamin' frae each pot!
Step in, sit, splash, steep; warm afore fireside blaze;
Efter soapit, rinsed an' dried, step intae pijammy claes.
Wind hoo in chimney, roar in grate; coals burn red an' white,
Firin' heat at shooders! Scorchin' face! Time for shivery bite!

Aff tae bed, pink an' warm; smell o' talc, wi' dismay!
"Prayers! A 5 minute read! Gas oot! Quite enough for ae day!"
Gey drowsy; sleep comin' on; een blink, juist keepit awake
By noisy trek frae bath tae sink Ma an' Dad endlessly make
Emptyin' bath, wi' basin an' pail, spillin' drops on way,
Soon wipit up frae lino's hard glaze, nae trace at a' next day.

Emptit enough, Dad can lift up tae coup last drops doon sink;
Rinse aroon wi' fresh water an' cloth restores shine tae zinc.
Back tae lobby, aince mair in press; drum-like bang agin wa'!
Ear strainin', doverin', een clamp shut; bath nicht ower - I'm awa!

New Trick

Setterday efternune. Juist great!
Matinee performance at the State.
Goggle at a maist splendid trick
Performed in a silent comedy 'flick'.
A mannie, tall, dark, quick as a wink,
In less time than it taks tae blink
Whips aff a table cloth, leavin' intact
The cheeny, cutlery, joogs, in fact
A' thing wi' which the table is set,
E'en a vase o' floo'ers an' a teapot, yet
Naethin' spilt! I wish I could
Dae a trick like that! I'd be sae prood!

"I'm hame, Ma!" A beauteous scene...
Tea table set, sittin' serene
In sparklin' sunshine. Hear me say,
"See ma new trick learned the day!"
Grasp table cloth edge in ma wee hauns...
Pull it swift! Amazed, a'body stauns...
Cups an' saucers soar through air,
Butter, milk, jam, fly everywhere,
Knives, forks, spoons, whirl an' clash,
A'thing in a crazy dash
Tae land in chaos on the flair!
Stunned silence! I'm nae langer there...!

I'm aff tae hide beneath the bed,
Pursued by Dad, his face a' red,
An' shoutin', "You, come oot this minnit!"
Nae chance! I'm shakin' tae ma simmit!
Cries o' fear ring roon the room!
He pokes me oot wi' stiff brush broom!
A sair leatherin' noo follows
Tae chorus o' "Help! Murder! Polis!"
An' sweir tae Heeven, kept since then,
"I'll niver try that trick again!"

The Magic Carpet

Friday nicht for beatin' carpets,
See Ma doon in the street
Attackin' oors wi' fury.
Stoor cloods wi' every beat.

Gettin' ready noo for scrubbin'.
Soapy water, brush an' pail,
Carpet streetched on kitchen flair,
Lino risin' in strang gale

Wheechin' in frae ootside,
Rattlin', shakin' windae frame
Oot which weet drippin' carpet
Wi' grunt, an' heave, an' strain

Ma fixes on thin washin' line
Wi' four an' twenty pegs,
Sends oot through skriekin' pulley;
Fa's back wi' wobblin' legs.

I can hear oor carpet flappin'
Though disappeart frae sicht
Intae deep inky blackness,
O' this wild an' stormy nicht.

The wind keeps on risin'
Through the wee sma' hoors,
Whistlin', howlin', shriekin';
Tremblin' windaes, roofs, an' doors.

When mornin' sun arises
An' calm has settlt doon,
I look oot o' oor windae,
Tae spy ower Edinburgh Toon.

Astonished tell ma mither
"Oor magic carpet flew away!"
"Magic? Whit stupit nonsense!"
"Na! See! Nae trace the day!"

We've niver seen it since then,
Often wunner whaur it went...
In the Docks? Mebbee Leith Water?
Wrapped roon some stumblin' gent

Weavin' hame intoxicated?
Findin' naebody believes
He's hame on a magic carpet
Flyin' steady on swift breeze.

Waxcloth

Naethin's like cauld waxcloth
Waitin' for tae greet
Ye on dark winter's morn,
When ye swing yer feet

Oot frae alow the bed-claes
An' attempt tae staun
While cauld chill congeals legs,
An' ye're grubbin' wi' yer haun

Frantic searchin' for yer slippers
Left last nicht Deil kens where;
If ye dinna find them sune,
Ye ken ye'll fast freeze there!

Whaur's yer torch? Guid! Switch on!
Och! Na! the battery's done!
Ane thing ye ken for sure...
There's better weys o' haein' fun!

Foond them! Slip on quick,
First left, then richt...
Mutter promise tae remember
Whaur ye leave them aff at nicht!

Condensed Mulk

Cheaper than ordinary,
Graces mony a table;
Saves on sugar in yer tea,
E'en maist puir are able

Tae buy a tin o' Nestle's
Sticky sweet syrup.
Plunge yer spune, lift, twirl roon,
Then stick it in yer cup.

Stir an' stir an' stir...
The last dribbles in yer tea
When ye lift oot the spune
Tae lick, an' mak shiny.

Some spread it on a piece...
That I canna thole,
Like some wha sup oot the can
An' swally spunefu's whole.

Watered, fed tae babes
Through feedin' bottle teat,
Taks the place o' fresh
Which wad be a treat!

"Be gratefu' for sma' mercies"
Aften I hear said...
Is there ony mercy sma'er
Than condensed mulk on yer bread?

Store Divvy

Hooray for yer Store number...
Maist important money friend!
Entered on Store shoppin' slip...
Earns braw dividend.

Divvy helps tae buy
Claes for bairns like me;
Coats an' shoes for grown-ups;
The High Binn holiday.

Ye line up in long queues,
Whaur alphabet guides names,
An' haud yer mither's haun,
While pounds an' pence she claims.

Hope for a penny, perhaps even more
Frae heaped divvy treesure...peyed only by the Store!

Whustlin'

I whustle up an' doon oor stair,
Through pends, an' in the street
Ma sweet notes warblin' everywhere
Mak music that's a treat

Or sae I think, but sometimes
I'm shouted "Stop that riot!"
By angry mams, shooglin' prams
Tae mak girnin' babbies quiet.

I'm no alane wi' a' this huff,
An' puff, an' blaw an' whustle.
Milk an' message lads are guid
At trillin' like a thrustle,

In fact the airts aroond oft soond
Juist like an aviary;
But shrill an' clear abune them a'
Is me - oor street canary!

But whustlin's juist for laddies,
Maybe youths, or even men.
Ye'll neer hear a lassie whustle;
For that the reason's plain...

"A whustlin' maid, or a crowin' hen
Are neither fit for God nor men",
Ma Granny says...an' she must ken!

The Motor Car

Ootstrippin' a' belief... 'next door' hiv got a car,
Black an' chrome, a' shiny, shimmerin' like a star;
Four doors, spare wheel ahint, seats o' swank broon hide,
Twa lang rubber rinnin' boards, a wee blind inside
The back o' the rear windae; brass stertin' haunle tae,
Winds the engine intae life, ye can hear frae far away.

Shakin', vibratin', waitin', at the bottom o' oor stair
For Sunday-best dressed neebors wha climb wi' sic an' air
O' dignity intae the dark inside, an' settle doon tae test
The springs in tanned upholstery...naethin' but the best
Means o' travel on their holiday, headin' Peebles way;
Their son, wha drives a horse an' cairt, chauffeur for the day.

We're green-eyed envious; we've niver seen sic style
Except mebbee for waddins; an' that aince in a while
But though there is nae 'poor-oot', us bairns gie a cheer
As they set aff an' gie a wave; we dinna get ower near
In case we get rin ower, which wad be an awfy shame
An' onywey for certain it's us wad get the blame!

We get on wi' oor play aince the braw car's disappeart.
An hoor or mair gangs by, afore bowed horse frae aff its cairt
Clops aroon oor corner, towin' close ahint
A black, chrome, shiny square shape, aff which sun rays glint.

We rin roon, lauch an' caper, cheer at sicht o' juist hoo far
Oor neebors got on holiday in their one horse power car!

OOT AN' ABOOT...

The Docks

A walk on a Sunday...
Roon the Docks it must be!
Grain ships an' coal ships;
New ships an' auld ships;
Fresh pentit, rustit ships;
Back frae the sea.

I staun at berth sides...
Strainin' ma neck tae see!
Funnels sma', tall, thick, thin;
Prows wi' sherp edge juttin';
Portholes wink - a million;
Sterns ower ma heid lowerin';
Hame frae the sea.

Pick ma wey carefu'...
Look oot an' dinna trip!
Ropes an' chains everywhere;
Capstans tae bump...tak care!
Gangplanks slant up in air;
Sailors gie me a stare;
Salts o' the sea.

This is a wondrous place...
Life blood o' Sunny Leith!
Bollards wi' hawsers ticht;
Anchors haud oot o' sicht;
Cranes, derricks tower in micht,
Unloadin', loadin' richt
Ready for sea.

Wunner as I look up...
Masts fill the sky!
Wireless op's a good job,
I'd mak the wires bob
Wi' S.O.S. tae rob
Davy Jones o' oor mob...
I'm gaun tae sea!

Woolies

Woolies is the place tae go
If any veesitor gies ye dough.
3d and 6d Store proclaimed
Stands at the Fit o' the Walk, weel famed.

Aye hustle-bustle; Aladdin's cave;
Crammed wi' fowk, pennies tae save.
But hoosehold goods are no' for me;
The toy coonter I've come tae see.

But ma neb reaches juist up tae the glass
Surround, held wi' stops o' brass.
Tiptae an' streetch, wish I could fly;
For me coonters are far too high.

"Gie me a lift then?" Ma or Dad.
"That's better"...a guid view noo had...
Pop-guns (ma favourite), e'en double-barrel anes;
Speedways; boats; an' bright coloured trains

When wound up go roon a wee metal track;
A circle - maks sure the train'll come back!
Signals; stations; a bridge, shinin' white.
A zoo...a farm...Look! a big kite

Juist the thing tae soar up in blue sky,
Wad scatter scairt pigeons as they fly
Past. See sets o' policeman, nurse,
Cowboy, conductor - "Reach for your purse

Noo, Missus!" A ticket I'll bring
Oot it's wee holder; an' wi' a braw ding
I'll punch a hole in't wi' the gleemin' machine
I hing roon my neck; but that's juist a dream...

I hinna the money tae buy ane o' thae.
Mair bools? Na, I've plenty; won six yesterday.
A peerie an' whip, a leed sojer or twa?
A wee aeroplane, or a bat an' a ba?

Noo there's an idea, ma 3d tae spend!
I'll buy me a Hi-li. Then I can bend,
Hit the ba' through my legs, see it come back
Pulled by the elastic, 'gainst the bat, whack!

I'd fair like a red ane, but they're 6d each;
For me juist too much, so they're aye oot o' reach.
So the plain ane it is, wi' Hi-li letters on.
"I've got it! Let's hurry! Come away noo! Come on!"

The Healthiest Street in the World *

Breathe deep at the corner; hope yer lungs'll last oot,
While rinnin' fast; but nary a doot
This street's ower lang; ye hae tae gasp;
Baith hauns on yer chest ye clasp!

For them as works there, it's nae joke.
Juist tae pass through maks ye boke!
They must hae innards made o' cast iron,
Tae pit up wi' the 'scents' that are assailin!

Ye blaw an' sough like a strandit whale;
An' worse, the 'perfumes' ye deep inhale
Mak yer heid spin, an' yer nose a' furled,
When ye pass through the healthiest street in the world.

* *Salamander Street: Well known at the time for 'perfumes'
and 'scents' from the tallow works etc.*

Boab Dick's Chippy

Scuff through the sawdust, past tall coonter where three
Are waitin' for 'new chips'. Great, juist fine by me!
Us bairns are fower, we each hae a maik...
At Boab's that's the cost we hae tae take.

Look noo thro' back door in wee corridor,
See 'chip iron' staun, makin' chips whit it's for,
Big tatties are mounted, fair whole, wi'oot skin,
A clunk on lang haunle...mair chips in big bin!
Fish, get 'battered' in a white enamel pail;
Boab slaps them aroon, hauds each ane by its tail.

Noo us bairns sit in wee room at the side,
A pokey black hole; bench seat rins inside
Fixed tae dark wa's, up tae empty door frames.
Gin ye sit at the side, ye can spy on fierce flames
Flare flashin' white, as Boab swings back hinge gate
Tae shovel mair coals in the fire box. It's great
Listenin' tae crackle, sough an' deep roar
Frae this red-rimmit mou'. Feel the temperature soar!
Wild heat rushes oot an' nippits my eyes
Till the gate clangs back shut. Noo heat gangs an' fries
Fish in ane pan, chips in the ither;
We'd fair like a fish, but we hinna the siller.

We're gie'n oor plates an' we sit close beside
Huggin' them on oor knees, wi' oor mooths open wide
Tae snatch hot chips wi' thick saut sprinkled ower,
Which catches in throat, an' ye cough! Whit a glower
Frae yon man, elbies doon, on steel coonter which gleams.
"Awa wi' ye, Mister, leave us bairns oor dreams.
Nae doot ye'll hae chips an' fish tae, we'll bet,
But we're happy as saints wi' oor chips on a plate!"

Hole in the Wa'

"Hulloo...! Hulloo...!" Voices stot back,
Resoondin' frae curved roof...
Stompin' buits rinnin' through,
Or noisy dugs bark "Woof!"

Ringin' echoes roon an' roon
Escapin' frae each end
O' this dark an' scarey tunnel,
A cavernous tube-like pend

Mens' airms span frae side tae side;
Only space enough tae walk
Shooders brushin' station wa'
Passin' fowks 'neath tenement block.

Links Crown Place an' Glover Street;
There's nae ither ane at a!
Whaur ladies' heels soond clicky-clack,
Like Leith's ain 'Hole in the Wa.'

Note: One side was a Leith Central Station wall, the other the tenement... all gone now.

Laddie an' Chips

Main thing tae fear is
A shut door at Gisertiri's,*
Sae ye'll no get hot chips in a poke;
Wi' saut, vinegar an' broon sauce,
Tae sting yer lips as ye force
Them in sae quick as gars ye choke!
They're best o' a' companions
Tae accompany yer wand'rins,
Stravaigin' roon Newhaven herbour wa's;
Wi' luck'll last roon the lighthoose
Whaur lads' fishin' lines aye hing loose,
Mind ye dinna trip, an' be the ane that fa's
Ower edge intae deep water

For there ye'll splash an' splatter
Shoutin' for a lifebelt, or boat hook
Tae hoist ye oot fair soakin',
On swallied sea sauts bokein',
No whit is meant by 'goin' for a dook!'
The result o' sic a caper,
Yer name in the evenin' paper,
Fowk sayin' "Is that no a disgrace?!"
Every summer is some laddie
Bein' landed like a haddie,
Though by then o' chips there isna ony trace!

* *Chip shop then in Main Street, Newhaven.*

Burns' Statue

Bareheided, richt haun crossed ower
Yer breist that beat for Scotland;
Face chiselled strang, sic power!
Bard o' oor native land

Looks prood up Constitution Street,
In slantin' rays frae west sun;
Plaid; breeches; ribbed stockins neat;
Shoon firm on red sandstone.

Oor ain speak in the playgrund,
English language a must at school;
Schoolmaster says we're ignorants,
With two tongues the mark of the fool;

But we thrill tae Tam o' Shanter,
Forbye Cottar's Saturday Night;
An' I'm shair that lots of fowk in Leith
Unnerstaun' whit ye chose tae write.

They're no a' unheedin' that pass by,
An' no a' that dinna see;
Tae Leith Trust an' Burns' Society
Gratefu' thanks frae this Leith laddie.

LEESURE TIME...

Puddocky *

Awa tae Puddocky,
Jam jar an' net;
Three Leith laddies,
Braw fish tae get.

Loup ower stane dyke,
Kneel on gress bank
By river's edge,
Soggy an' dank.

Chuckies in jar,
Bed river weed
Wavin', floatin';
Oor catch tae feed.

See their white bellies
Flash in bricht sun;
Shoals o' minnows
Dart, swerve, run.

Quick dips o' net
'Til ilk jar haes five;
At hame breidcrumbs
Wull keep them alive.

Splash ower Leith Water;
On graveyaird side
Lie deep pools
Whaur broon troot hide

An' wait tae be guddled.
If tickled juist richt,
Whit a graund prize
Tae show aff at nicht!

Naethin' can beat
A fine simmer's day
Plowterin' wi' pals
At Puddocky.

* *Stretch of the Water of Leith alongside Warriston Cemetery between the railway bridge above Logie Green Road and St Mark's Bridge downstream.*

Sweet Heaven

Penny dainties; pogo eyes;
Soor plooms; black striped ba's;
Anchor chews, three for a maik;
Toffee doddles - brek yer jaws!

Sugarolly straps an' wheels,
An' pipes an' laces thin,
Leave black marks roon yer mooth:
Show whit ye've been chewin!

Sherbet dabs...wee lollipop
Inside paper bag;
Lick an' dip; sook wi' lip;
Fizz wad mak ye gag!

Or tak ane wi' a liquorice tube,
E'en though they dinna last;
Sook up...blaw white sherbet
Ower pals, rinnin' past!

Ju-jubes; jelly babies;
Jelly beans; cinnamon stick;
Chocolate raisins, drops, an' mice;
Ye swither whit tae pick!

Conversation lozenges...
Daes she luve ye true?
Barley sugar; sticks o' rock;
'P.K.'. 'Spearmint' gum tae chew.

But aften a' ye dae is look
In windaes, 'cos ye're broke.
Hame tae a stick o' rhubarb,
Wi' broon sugar in a poke!

Jeely Piece

A lang wey tae the top o' oor stair,
Seventy-two steps in a';
Easier tae shout frae oot in the street
"Throw doon a jeely piece, Ma!"

Is she deef? Ye grummle an' groan,
Nae a sign o' her yet!
Fill up yer lungs, bellowin' noo,
A soond maks the neebors fret!

Juist when ye're pugglt, windae slides up
Haun waves abune high sill,
A broon paper bag arcs oot, then draps
Flutterin'...aise a' yer skill

Tae catch, 'fore it slaps on hard grund;
Wad mak a mess o' the jam!
Wad come oozin' through...fingers tae stick!
Ye'd raither it wis b'ilt ham!

"Ye're a darlin', Ma!" Twa pieces are in
The poke ye've strugglt tae catch.
Ane for yersel; ane for yer pal;
Speedy ye baith despatch

Plain breid slices, wi' broon crust ends,
Raspberry jam the day!
Swally last crumbs; stuff bag doon a siver,
An' cairry on wi' play!

Sunday

Long lies...quiet street...
Lowered voices...meesured feet
Send click-clack echoes frae the ground
Up through air, wi' waverin' sound
Invadin' through ma open windae,
Announcin' aince again it's Sunday!

Nae washins tae be seen this morn;
A' whustlin' tae must be forsworn;
No' a day for red-bluid laddies...
Canna play 'goodies' or 'baddies'.
Maunna play ootside at a'...
Day o' rest for bat an' ba'.
Play in the street wad be a sin;
That's why we're a' keepit in
Except tae gae tae Sunday Schule;
Catechism, prayers, hymns the rule;
Wull keep oor sowels in state o' grace...
Sure tae end up in proper place.

An efternune walk's a' richt...
Weel scrubbed, best claes, a tidy sicht;
Veesit Great-Granny for yer tea;
Sit there guid as guid as can be,
Rigid on that horse-hide chair
Whase edges chafe an' scrape yer bare
Legs ahint,, till scratched red-raw.
Squirm... "Can we gang hame, Maw?"
"Na! Sit quiet an' read a book!"
Every grown-up glance an' look
Speaks bairns should be seen, no heard;
Sae haud yer tongue...Mum's the word!

Back hame, play quiet games wi' toys,
Or Ludo, Snakes an' Ladders...boys
Must learn tae be quiet, like girls
Wha play wi' scraps, cut-outs; toss curls
Ower dolls in prams, or paint or draw
Or tidy up an' help their Maw,
But niver shout, or squeal, or scream
On Sunday. A' ye dae is dream
O' when thae hallowed hoors are past,
An' ye can bawl... "Monday, at last!"

Fitba' Daft

Pass, shoot, 3 an' in,
Dribble, tackle, neagerin',
Trap, clear, foul, swervin',
Keepy up, kick, savin',
Learnin' a' thae skeely pairts,
Ane day play for Hibs or Herts.

Gas Meter Day

Wildfire word races roon oor street:
"Gasman's here!" "Is that no' a treat?"
Stop playin'! Get awa' back hame!
"Ye're back early!" Ma kens why ye came!
The 'rebate's' the magnet. Coppers pile
In six inch columns. Feel yersel' smile!
Ye aye get the new anes tae keep; juist great!
This time there's six! Na, seeven! Na, eight!
See their gowd edges, gleamin' like sun
'Midst dark copper nicht o' the auld anes. Whit fun!
"Can I play wi' them, Ma?" "Aye, for a while".
Group them; an' scatter; an' roll; again pile
But minus the gowd anes. It's time tae thank
The Gasman for comin'! Pit them in yer bank!

Hurls

Hurls in a' the airts are seen
Transportin' bairns in between,
By pram; go-car; scooter; trike;
Cairt; guider; sledge; bike;
Roller-skates; tram; bus; truck:
On broad shooders...a colly-buck!
A hurl hingin' frae lorry tail?
Strictly forbidden! Nae clypin' tale!
Ma pals' vote for the best carry?
A hurl in ma soap-box barry!

Barley, Het, Shote

When fair puffed oot
Ca' 'Barley'...great!
Stops bein' caught
By yer playmate.

When playin' Tig
I hate bein' 'Het'
Raither run free,
Weave, dodge, yet

There's ane thing waur...
Really gets ma goat!
When ithers hide
An' I've tae keep 'Shote'.

Changin' Comics

Dandy, Beano, Magic,
Knockout, Film Fun;
Adventure, Skipper, Rover,
Wizard, Hotspur, every one

A weekly favourite
Bocht frae divers range,
Ends up read by a'
Through bairns' comic exchange.

WAR GLIMPSES...

Blackoot Time

Blackoot time again,
Streets empty an' dark.
Fowks maistly dinna go oot,
For it's scarey in the black.

But if ye really hae tae go
(Juist the thocht maks me shake)
Ye walk in blinkin' shaft o' licht
Frae wee torch ye hiv tae take.

Ye hope the battery will last
Till ye reach yer journey's end,
Sae ye hurry an' ye walk fast,
Peerin' roon aboot each bend

An' corner o' tall buildins
Hopin' nae ane's hidin' there,
Or a bogle or a ghaistie
Lurkin', waitin' ye to scare.

Much better when bricht mune shines,
An' a' things etched oot clear
In cauld rays frae high hivvens
An' white orb seems sae near,

Reflectin' in Leith's Water,
Sailin' proodly ower the sky..
Ye can see as far as Arthur's Seat
An' the Castle up on high.

But that's when bombers like tae come,
An' eerie sirens wail
While ye're rinnin' tae the Shelter
Through nicht air's cool an' chill,

An' fowks feet scurry roond ye,
An' ye feel the silent fear
That grips each nervous breist,
Until sirens soond 'All Clear'.

Rationing

Nae bananys, coconuts, grapes,
Pineapples, oranges, dates.
Westwood's got tomatys! Swift
The word passes! Hurry! Shift
Yersel'! Jine the queue for a mile.
Hope this time it's worth the while...
A half pund each efter a' that staun!
Hooiver, mither thinks ye've done graun.

Seeven o' clock the hoor for the queue
At the butchers, if wi' the shillin' o' stew
There's a chance for sausages 'off the book';
Staun, watchin' beef carcase swing on sherp hook
Till it comes tae yer turn, sad tae say
"Nae mair sausages left the day!"

Or line up, in dawn's chitterin' chill
Frae the Forth, at Mason's, hopin' tae fill
Yer baskit...sausage rolls or pies...
"Fower only, mixed!" the baker cries.

Then the Co-op efter, wi' ration book...
Sugar, jam, butter, cheese; anxious look
While server red peencils the wee squares
Tae show ye've had yer weekly shares;
Or cuts oot "Points" wi' gleemin' sceessors
For syrup or treacle, if sic treesures
Hiv juist cam in, lucky anes tae please.
Sweetie coupons...aye cairry yer 'Ds' an' 'Es'
In case bars o' chocolate, or sweeties, appear
Wi'oot warnin', tae gie ye cheer!

Fowks earnest pray... "Lord, please send
Oor airmies victorious...an' rationing's end!"

Sojers Trainin'

We're noo a sojers trainin' grund...
They scurry in an' oot
The Auld Buildins, boots rough scrapin',
An' faces blacked wi' soot.

They hide up oor entries,
An' they clamber ower oor roofs,
Throw Thunderflashes, Mills bombs,
Mak horses tak tae hoofs

Wi' soonds o' rifles firin',
An' bursts frae Sten guns tae;
We pray some kindly Poo'er
Wull tak them a' away!

They shout at us fair roughly,
Clearin' us oot o' the way.
Ca' us a' "A bluidy nuisance!"
An' spile the games we play.

Sae when 'hiders' are hidden,
We aye ken the roads they took...
Us bairns gae tae the 'searchers'
An' tell them whaur tae look!

British Kitchen

Seems rationing's unequal,
Though we a' hae ration books;
For it seems there's weys aroon it
Wi'oot ye bein' crooks.

For if ye can afford
Ye can eat oot every day
At ony restaurant ye like
As lang as ye can pay.

Sae ma school's a British Kitchen;
The Keel Row is its name,
Displayed on sign braw hingin'
Its purpose tae proclaim.

For 'lunch' is juist a shillin',
Is it half price for us kids?
There's meat, an' veg, an' custard;
Soup frae giant pots wi' lids.

We've only been a few times...
That micht seem raither funny
But like lots o' ither folk aroon...
Whaur dae we get the money?

V.E. Day

Buzz o' excitement amang a' Leith fowk,
Since early this mornin' when each ane awoke;
Germany's beaten, the War's ower for them,
Brings nearer the time when oor Forces come hame.

Kirk bells ring oot, years since they've been heard;
Flags flutter on high, sirens noo are absurd;
Wardens an' fire-pickets, their day is done;
Gas masks an' Shelters soon will be gone.

Faces beam in bricht sun, smilin' relief;
Back slappin', shakin' hauns, some tears o' grief;
Crowdin', pairtyin', in beflagged street;
Kissin' an' cuddlin' tae! Somethin' tae beat!

A huge bonfire at nicht on the Auld Buildins site,
Wi' music, an' dancin', an' squeals o' delight!
A day tae remember lang as ye're alive,
Victory in Europe...8th May '45.

GREAT WAR SHADOWS...

Ma Granfaither

I niver kent ma granfaither,
Ma mither's faither, I mean;
He wis a skeely sailor,
Served in the Merchant Marine.

In the Great War wis droondit;
The telegram read 'Lost at Sea'.
Pig iron cargo doon wi' a hauns
Tae grave deep an' watery.

Ma granmither aye sair greetin',
Kennin' na e'en whaur he lay
Till the letter cam, his ain writin'
A week later tae the day.

"A fine night, we've missed the tide
Sae canna gain the port;
We're hove-to waitin' for entry;
Hope this delay's short.

I should be seein' ye soon;
Luve tae ye an' the faimily;
This beautiful shimmerin' twilight
Maks ye feel closer tae me.

I'm sendin' this by packet boat
Tae the toon o' St Malo
I see fine in the fadin' light..."
Couldna see the submarine below...

S. S. *'Britannia'* torpedoed and sunk 19 October 1917.

Gretna

Troop train collided with halted local,
Wreckage from both spilled in path of express
Onrushing heedlessly; blindly; snortingly;
Explodes fiery hell amid morning freshness.

Rosebank Cemetery; pink Celtic cairn
Fronts bronze plaques dark on grey wall;
Long columned names, ranked in lines,
Deaf for aye to bugle call.

Two hundred and ten...
Officers, N.C.Os, men;
Leith Territorial Battalion;
1/7 Royal Scots; their war now done.

Granny's brother among... scarcely nineteen...
Gretna... 22 May 1915.

Medal struck for each soldier killed in the disaster.

GLOSSARY

ABUNE, above
AGIN, against
AHINT, behind
AISE, use
AINCE, once
AULD BUILDINS, demolition site
AYE, always, yes

BAREYS, barefeet
BARRY(S), barrows
BOGLE, hobgoblin
BOKE (TO), retch, vomit
BOOLS, marbles
BROSE, oatmeal
BUCKIE, winkle
BUT-AN-BEN, room and kitchen

CANNA(E), cannot
CANNY, gentle
CAUNLES, candles
CHAW (TO) chew
CHEENY, china
CLYPE (TO) tell tales
CHIELS, lads
CHUCKIES, small pebbles
COLLY-BUCK, pick-a-back
COSSIES, causeway stones, setts
COUP (TO), pour out, lift

DAB (THE VERY), just right
DIRL (TO), vibrate
DODDLES (TOFFEE), lumps
DUNT, knock, blow

EE(N), eye(s)
ENTRY(IES), entrance(s) to tenements

FEART, afraid
FLICH(T)ER, flicker
FOCHT, fought

GAE (TO), to go
GALLUSES, braces

GANG (TO) go
GAR (TO) compel
GIN, if
GOWD, gold
GUIDERS, box carts
GUDDLED, tickled

HADDIES, haddocks
HET, it (at games)
HICHT, height
HUMP(H) (TO), lift
HUNTYGOWK, hunt the fool

ILK, each, every
ILE, oil

JEELY, jam
JOSSLE(S), jostle(s)

KEEK(in'), look(ing)
KEP(S), cap(s)

LAUCH(IN'), laugh(ing)
LEE (TO), tell lies
LOBBY PRESS, hall cupboard
LOE (TO), love
LUG (TO), hold and turn over
LUG(S), ear(s)

MAIK, halfpenny
MAUN, must
MUNE (LICHT), moon (light)

NAIRRIE, narrow
NARY, never
NEB, nose
NEEP, turnip
NEER, NEIR, never

PECH (TO), pant
PEERIES, spinning tops
PEND, archway
PLOWTER (TO), splash, wade in water
POKE, bag, pouch
PUGGLT, breathless

ROW (TO), turn, roll

SCAIRT, scared
SHAIR, sure
SCUNNER (TO), sicken
SETTS, causeway stones
SHOTE, watch, cavey
SHOON, shoes
SHOOGLE (TO), shake
SIC, such
SILLER, money, silver
SKEELY, skilful
SKEERY, scarey
SNA, snow
SOUGH, a sigh, sound of wind
STOUR, dust
STRAVAIG (TO), wander
SUGAROLLY, liquorice
SWEER.SWEIR, swear
SYNE, because

TAE, (1) to; (2) also, as well as
TAEN, taken
TAK (TO), take
TENTIT, tented
THRUSTLE, mavis, song-thrush
TWA(E), two

WAD, would
WAUR, worse
WAXCLOTH, linoleum
WEEMIN, women
WHEECH (TO), whirl, blow around
WHEEN, a little, few
WHILES, sometimes

YACK (TO), talk
YAUGHT, yacht
YIN, one